Igula Lolwazi

Menzi Z. Thango

Ama-eseyi esiZulu

www.bhiyozapublishers.co.za

Igula Lolwazi

Le ncwadi ihlelelwe abafundi bamabanga 7 kuya

kwelesi-9.

Le ncwadi iwalungele womabili amazinga olimi

lwesiZulu. IsiZulu Ulimi lwaseKhaya kanye nesiZulu

Ulimi lokuQala lokwengezwa.

Igula Lolwazi

(The Calabash of Knowledge)

Bhiyoza Publishers (Pty) Ltd

Johannesburg, South Africa

Bhiyoza Publishers (Pty) Ltd
PO Box 1139
Ridgeway
2099

Email: info@bhiyozapublishers.co.za
www.bhiyozapublishers.co.za

First edition, first impression 2020
ISBN: 978-0-620-87815-9
Cover design: Yanga Graphix (Pty) Ltd
Layout and typeset: Yanga Graphix (Pty) Ltd

Okuqukethwe

Amazwi omlobi

Inhloso yaleli bhuku ukufundisa abantwana abancane ngamagama amqondomningi, amqondofana kanye nophimbohluka atholakala olimini lwesiZulu. Kuvamisile nokho ukuthi ngisho nabantu abadala bangawazi la magama ukuthi aqukethe izincazelo eziningi yize amanye ephimiseka ngokwehluka kepha uthole ukuthi umqondo uyafana. Isibonelo, abafundisi. Leli gama liwuphimbohluka kodwa umqondo munye, ukufundisa. Okwesibili ligama elithi, umkhulu nelithi mkhulu. Lama gama angophimbohluka kodwa umqondo uwodwa, okuwumqondo wobukhulu. Uma sikhuluma ngobukhulu, sisho ubudala ngokweminyaka kanye nobukhulu ngokwesikhundla.

Amagama amqondomningi amtoti ngoba enza ulimi lwesiZulu lunothe futhi luzwakale kamnandi. Lapha kuleli bhuku ngithathe amagama ambalwa amqondomningi, amqondofana, angophimbohluka ngabe sengibhala ngawo ama-eseyi ehlukene. Inhloso yalokhu bekuwukufundisa abantwana abancane ukuthi lama gama anothile ngoba aqukethe imiqondo eyahlukene yize amanye awo ephimiseka ngokwehluka. Umuntu angasebenzisa igama elilodwa ukuchaza izinto ezimbili kuya phezulu, nokho kuzoya ngaye umuntu ukuthi uhlose ukwedlulisa muphi umqondo.

Usuku

Usuku lokuqala evikini lusuku olunzima kithi sonke. Lusuku lapho wonke umuntu ekade ematasa ngezinto ezahlukene. Abanye babuya emicimbini eyahlukene, abanye babuya ukuyongcwaba izihlobo nabangani. Abanye babuya ebumnandini. Sonke sikhathele siyimvithi, akekho othole ithuba lokuphumula. Ngisho nabaya esontweni imbala, nabo bakhathele. Usuku lokuqala evikini luyakhathaza.

Usuku olude ngalolu hlobo, usuku lwangoMsombuluko. Ave lulude lolu suku. Wonke umuntu uma efika emsebenzini uyazamula nje. Ungafunga ukuthi balambile kanti phinde, badlala ukukhathala. Phela akudlali ukugida impelaviki yonke, ugida ingoma yakwamavovo. Ingoma yakwamagidasibhekane. Ziyabuya phela laphaya, kuyagidwa nje akukhuzwana. Yilowo nalowo ugidela isisu sakhe. Akekho ohlehlayo, kuyolamula ukusa nokuvalwa kwendawo. NgeSonto ekuseni sebekhala ngebhabhalazi. Sebefuna inyama enopelepele, abanye amaphilisi ezinhlungu, abanye itiye elimnyama. Isibhemile phela, kusile kusasa ngoMsombuluko. Kuyiwa khona kwamlungu. Bayozamula khona into engapheli. Akekho belu umuntu oluthandayo lolu suku. Uzwa bonke bekhononda ngalo. Abasemsebenzini bayakhononda, abafundi besikole bayakhononda. Babodwa abakhonondiswa ukuthi abawenzile umsebenzi wesikole. Babodwa abalovayo bangayi esikoleni, bakhethe ukuzilalela. Elabo iviki liqala ngoLwesibili, nothisha impela sebeyazi. Ingani nabo yiso leso. Abanye babo bayazilovela nje ngoMsombuluko, abalubeki esikoleni. Bazidlela utshwala nje kwaphela. Ngisho nothishomkhulu useyazi ukuthi abalubeki. Bayoze bavele ngoLwesibili noma ngoLwesithathu.

Usuku lwangoLwesibili, usuku lwesibili evikini. Wonke umuntu uyaluthakasela. Wonke umuntu useqala ukwejwayela manje ukuthi iviki liqalile futhi kuyasetshenzwa. Abafundi batheleka ngobuningi esikoleni ngalolu suku. Izinkunzimalanga zabasebenzi nazo seziyavela emsebenzini. Zivela nje, imilomo idabukile, izihlathi zimabokoboko kufihlwe ngezikhafu. Phela abudlali utshwala, buphendula insizwa ibe yisibotho. Bungena kamnandi emlonyeni, bufike esiswini buphenduke ushevu. Insizwa ivuke uhlanya, uhlanya lwemizuzwana emuva kwalokhu kugcwale umunyu nokuzisola.

Usuku lwangoLwesithathu luhle futhi nelanga livame ukuthi licwathe kahle liphole. Abantwana ezikoleni bajabule, nomsebenzi wesikole uyahamba. Abanye babhala izivivinyo, abanye benza imisebenzi eyahlukene ngenjabulo. Akekho okhonondayo, umfaniswano wesikole bawufaka unjengoba unjalo. Othisha phela balwile ngoMsombuluko nangoLwesibili. Manje abafundi sebengenile egiyeni ngalolu suku. Akusekho ukubuyela emuva. Iposi lesikole nalo lilandwa ngalo lolu suku. Imihlangano yothisha nayo ibanjwa ngalo lolu suku. Izinto eziningi zenziwa ngalo belu lolu suku, yingakho nalo lubuye lukhathaze.

Usuku lwangoLwesine usuku oluthandekayo. Usuku lwemisebenzi eyahlukene. Usuku olukhulu komama bomthandazo. Bayokhuleka emzini othile, bekhulekela izwe lakithi, imizi yabo, izinkinga zomhlaba kanye nokunye okuningi. Wonke umuntu usuke esebona kahle ukuthi iviki seliya ngomutsha wendoda. Abafundi basuke sebebala amahora ngoba nabo sebefuna ukuphumula. Abasebenzi nabo yiso leso, sebejahe ukuthi liphele iviki.

Usuku lwangoLwesihlanu yilo usuku oluthakaselwa yiwo wonke umuntu. Phela ngalolu suku abantu abaningi bayagcina emsebenzini. Abaphuza utshwala babuqala ngalo uLwesine ngoba vele uLwesihlanu kubo lufana neholidi, abalubhadi emsebenzini. Abanye babo bayeqa emsebenzini bengabikanga kumphathi ngoba bejahe ukuyozijabulisa. Ngakolunye uhlangothi abanye basuke behlezi emanzini. Ngalolu suku basuke belungiselela ukufihla ithambo labo. Abanye basuke bematasa belungiselela umcimbi, ubona ngabo behla benyuka beyocoshacosha ezitolo. Kuthi kusenjalo, ubone sekugxunyekwa amatende, kuvalwe nezitaladi kugcwale izimoto bese ziyaduma njalo. Kwesinye isikhathi akube kusanakwa nokuthi abanye bafuna ukuthula emizini yabo, umsindo uvulelwa sengathi wonke umuntu uthe uyawufuna kanti yibo laba ontaba kayikhonjwa ababanga umsindo, bese uzibuza ukuthi kanti akuzwakali yini uma bezidlalela bona bodwa umsindo wabo.

Usuku lwangoMgqibelo usuku oluxubile nokho. Abanye bajabule abanye bayakhala. Usubona ngamatende nje ukuthi lapha kukhona okukhona. Izimoto yizo ezikuxoxela indaba, uma kuyisifo usubona ngezimoto ezishaya amalambu zonke zilandelana. Uma kuwumshado, usubona ngezimoto ezibanga umsindo, zishaye isidudla wena owabona utsotsi edansa ethaveni esedlisela ezintombini. Phela naye umjita usuke efuna ukuzitholela amaphoyinti kosisi, pho-ke nabo basuke sebethathekile kanti ababoni ukuthi badlala isigebengu sifuna ukweba inhliziyo yothile sidlale ngayo bese siyishiya idabukile. Nazo-ke izimoto lezi zisuke sezibanga umsindo ngoba zijabulisa osingabo. Ungaze udideke indlela okusuke sekwenzeka ngayo lapha, kujabula abaphelezeli ukwedlula abanikazi bomshado.

Usuku lwangeSonto lusuku oluzothile nolugcwele ukuthula. Ngezikhathi zasekuseni kuyaphithizela ngoba abantu baya esontweni, bese kuthi uma sezibuya inhlazane ubone sekuthule kuthe cwaka. Umhedeni umbona eza le kude ngoba abaningi basuke sebesesontweni. Umbona eza ezihudula ukuthi lona-ke yinkunzi yomhedeni, ayizwani nesonto. Kuyothi kungaphuma amasonto bese kuphithizela futhi ezitaladini. Babodwa abavakashela izihlobo sebeyodla ndawonye isidlo sasemini, babodwa abavakashela kwaSathane sebeyodla isidlo sabo sasemini. Phela wonke umuntu lapha kwaMhlaba unesonto lakhe. Kukhona abasonta emathaveni, ziyabuya laphayana. Bufike bushe utshwala, buthi uma sebungenile bese iqala inkonzo. Uzwe sekuxoxwa ngoNkulunkulu, kuxoxwe ngeBhayibheli, kudlalwe umculo wokholo uvele uzibonele nawe ukuthi washintsha uguluva. Liyothi lingathambama ilanga bese busina buzibethela utshwala, kube sengathi uLwesihlanu kanti kuyavukwa ngakusasa. Abaphuza ngokuzicabangela, ubabona belokhu benyomuka ngabanye ngabanye ngoba sebejahe ukuyophumula balungiselele usuku lomsebenzi. Labo asebazinikela otshwaleni bayasala baqhubeke nomcimbi sengathi akonakele lutho. Kubona kuyazifanela nje, ukuthi yiSonto namuhla akusho lutho. Okubalulekile kubo uphuzo oludakayo namantombazane.

Umkhulu

Umkhulu uzihlalela yedwa bakithi, washiywa unkosikazi kanye nabazukulu. Uyaziphekela, udla yedwa. Isizungu siyamhlasela, akekho omvakashelayo. Izihlobo zikude kanti futhi kazimfuni. Zithi umkhulu uyathakatha. Emphakathi usephenduke inhlekisa, akekho ofisa ukusondelana naye. Abafana bendawo bafuna ukumshisa nendlu ebusuku elele ngoba bathi uyathakatha. Umbuzo uthi kanti kumele enzenjani umkhulu? Ukuhlala wedwa sekuyicala manini? Ngokuhlala nje yedwa useyathakatha?

Umkhulu Jehova ngoba konke kwavela Ngawe. Wabakhona umhlaba ungakabibikho. Wadala izulu nomhlaba. Wathi uma usudale izulu nomhlaba wabe usudala ubumnyama, wadala ukukhanya. Ubumnyama wabubiza ngobusuku, ukukhaya wakubiza ngemini. Uthe usudalile konke lokhu wabe usudala izilwane ngezinhlobo zazo, wathi mazidle imifino, ezinye inhlabathi, ezinye izithelo, ezinye inyama njll. Uthe uma uqeda wabe usudala umuntu wesilisa, kepha ekumdaleni kwakho owesilisa wabona ukuthi unesizungu wabe usumlethela umsizi wakhe okungowesifazane. Umuntu wamdala wabe usuthi ungumfanekiso wakho, ngalokho nguye okumele emhlabeni. Zonke lezi zinto ozidalile, okufaka phakathi nomuntu imbala wena umdala kunazo, yingakho ngithi umkhulu wena Jehova. Ungumdala wezinsuku zonke zokuphila kwethu.

Umfula omkhulu imfolozi yangakithi, kukhona imfolozi emnyama, kukhona emhlophe kukhona nebomvu. Amanzi ayinsada, asiweswele. Isihlabathi sisikha khona belu kuyo imfolozi yakithi. Uma uwela ibhuloho, uyizwa iphophoma amanzi aluhlaza cwe. Ohlala eduze kwayo, uthola umoya omnandi opholile. Umoya ogcwele inhlanzeko, inhlanzeko yemvelo, imvelo yasOndini olumahlikihliki. Abaziyo bathi phecelezi 'The City of Heritage". Kwelamagugu akithi kwaZulu, lapho umnsinsi wamaQhawe namaQhawekazi akwaZulu edabuka khona. Kwelakithi Emakhosini, esigodlweni seSilo uDingane. Kwelakithi Ondini, esigodlweni seSilo uMpande, kwelakithi Ondini, esigodlweni seSilo uCetshwayo. Kwelakithi Ondini esigodlweni seSilo uZwelithini kaBhekuzulu. Umkhulu Zulu, wena wendlovu, uyesabeka Wena ngoba namaNgisi ayakwesaba, amaBhunu ayakwesaba, ezinye izizwe ezimpisholo nazo ziyakwesaba. Pho bazokwenzani ngoba umkhulu, angeke bakuqede.

Ilanga

Ilanga likhipha umkhovu etsheni namhlanje. Wonke umuntu uphethe isambulela. Abanye bahlezi ngaphansi kwesihlahla. Abanye ngaphansi kwezithunzi zezindlu, abanye bavulele amafeni. Indlela elishisa ngayo leli langa, ungafunga ukuthi liwile. Mhlawumbe ngempela liwile, ingabe liwele kuphi? Kwaphelelaphi ukuthi lingawa licoshwe zinkukhu? Uma lingawa ngempela zisengalicosha ngempela izinkukhu? Cha ngeke zilicoshe, liyavutha phela leli langa. Ungathi livutha liphezulu, izinkukhu zingalilokotha kanjani? O hhayi ngeke yenzeke leyo nto. Liphumile bo, likhipha umkhovu etsheni. Kazi liwukhipha liwusaphi umkhovu? Uza kithi? Uzokwenzani? Ubani ongahlala nomkhovu into emfishane kanjena? We mame! Kungasa ngifile. Ubani yena? Mina? Phinde ngeke ungilokothe. Leli langa liyasishisa, sesiphenduke amagwinya akwaMayithanqaza. Sishise Jehova, singamagwinya akho.

Ilanga lami lokuzalwa lilanga elikhulu kimina nomndeni wami. Lilanga engingasoze ngalikhohlwa nanini. Phela ngaleli langa kwazalwa insizwa ezinsizeni zonke ziphelele. Kwazalwa inkunzi emidwayidwa, imamba emnyama umabonw'abulawe. Inkunzi ekade igudla amawa namagquma ilwela ikusasa eliqhakazile. Ihamba emihosheni nasemahashahasheni ishiswa lilanga kuhle kwezimayi zigombela kwezazo izisu zingakhathalelwe kuthenjwa. Leli langa lalishisa likhipha umkhovu etsheni, ngeshwa lowo mkhovu awukaze ungithole. Wathi uyangisobozela, kwatholakala ukuthi angingedwa ngihamba nekhulu lamashumi ayisikhombisa ezingelosi zami ezingiqaphile. Ngalelo langa angikaze ngikhohlwe ukuthi kanti ngithandwa kangaka emhlabeni nasezulwini. Ngabona ngaleli langa ukuthi ngize ngenhloso emhlabeni, angisasho inhloso yomuntu kepha inhloso kaMdali wami.

Ilanga lokulunga lilunge ulibhekile. Uthi uma uvuka, ubone ngalo ngemisebe yalo eletha impilo kumuntu nakuyo yonke into ephila ngaphansi komthunzi welanga. Lilungile ilanga lokulunga ngoba lisilungele sonke, alicwasi muntu, oyisoni liyamkhanyisela, olungile naye liyamkhanyisela. Sonke sithola ilanga elolodwa, akekho onelanga lakhe. Ilanga lokulunga lilunge ngempela, liyasithethelela izono zethu ngokufana kuphela nxa sizivuma. Akekho onesono esikhulu akekho onesincane, sonke siyizoni Kuye owasifelayo. Pho siyoba yini ngaphandle kwelanga lokulunga? Phela ngaleli langa sonke siyahlangana sithethelelwe izono zethu, abafundisi basiphe intshumayelo esihlanganisa nelanga lokulunga. Emuva kwalokho baphinde basiphe umthendeleko, esithi uma siwudla kube luphawu lokukhumbula ilanga lokulunga, iNkosi yamakhosi, Yena yedwa owasifelayo wadela ubuyena ngenxa yethu thina zoni.

Inyanga

Inyanga yami iyawazi umuthi. Inyanga yami ikupha umuthi othi thi. Abaziyo bathi awumbiwa ndawonye, cha mina ngithi ungambiwa ndawonye kepha kuya ngokuthi uwathaka kanjani amakhathakatha. Ingabe wabuphiwa lobu bunyanga noma wazifaka nje ngoba ufuna udumo nokwenza inkece? Phela zikhona izinyanga zamanga lapha ngaphandle, imiphuphe uqobo lwayo. Inyanga othi uma ufika kuyo, ikubuze inkinga yakho engabe iyakutshela inkinga yakho. Kanti ayiboniswa yini le nyanga? Ifuna ukuzwa ngami, kanti imithi iyithaka kanjani? Iyaqagela? Ibuza kubani? O konje kunezinyanga ezibufundela kubantu ubunyanga.

Inyanga yami yokuzalwa ibalulekile. Lena yinyanga yamaqhawe namaqhawekazi. Ozalwa ngale nyanga kusho ukuthi uliqhawe, ungumholi, unguchwepheshe, uyinjulalwazi, uyingwazi egwaza iphindelela lapho amagwala esekhweca imisila. Ngale nyanga kuzalwa amaqhawe afana neSilo sakithi kwaZulu, iNgonyama uZwelithini kaBhekuzulu, uDokotela uNelson Mandela. Lena yinyanga kaNtulikazi, inyanga enomoya onamandla. Umoya unyakazisa yonke into. Umoya onamandla nonezintuli eziningi. Yinyanga enamakhaza ashubisa unkantsha. Zonke lezi zimo ezihambisana nale nyanga ziyakhombisa ukuthi nabantu abazalwa ngayo banamandla amangalisayo. Abantu abazalwa ngale nyanga abantu besintu nemvelo. Abantu abaxhumene kakhulu nendalo kanye noMvelinqangi. Bathinte, ubasukele uzodela, uzokuthola okufunayo. Uma beke banyakaza, kunyakaza umhlaba wonke.

Inyanga okwaphanyekwa kuyo umame owatheza ngeSonto. Nkosi yami umame naye wayexakekile. Wayekhalelwa yingane encane ngosuku lweSabatha enganazo izinkuni zokuyiphekela incumbe. Ngapha uyikholwa umame ugcina umthetho kaJevova othi "ungasebenzi ngosuku lweSabatha, lugcine ulwenze lubengcwele". Ngakolunye uhlangothi ukhalelwa yingane ilambile. Wena wawungenzanjani? Wawuzolugcina usuku lweSabatha yize ingane ibulawa yindlala? Uma ifa ingane wawungeke ube umbulali? Uma uya Ehlanzeni uyotheza wawuzobe ungawephuli umthetho kaJehova? Impela nomame wayebhekene nayo kanye le ngwadla. Wayengazi noma kumele ayeke ingane ife ibulawe yindlala noma aye ehlathini ayofuna izinkuni. Ekugcineni ngenxa yesihe nobuntu, wakhetha ukwephula umthetho kaJehova waya ehlathini ngalo belu usuku lweSabatha. UJehova wafika ehlathini esathi uyatheza umame, wamhlwitha ngesandlakazi sakhe waye wayomphanyeka enyangeni ethi umenza isibonelo kanye nophawu ukuze abantu babone umhlaba wonke ukuthi umuntu ongalaleli umyalelo wakhe Yena umenzani.

Uthando

Uthando luyisisekelo sempilo. Ngaphandle kothando ngabe sonke kasikho lapha emhlabeni. Uthando luvela kuMdali kanti futhi uyilo uthando yena siqu sakhe. Yingakho esho nasencwadini yakhe engcwele ethi 'thandanani njengoba nami nginithandile'. Iphinde isho ithi 'UJehova walithanda izwe kangaka waze wanikela ngendodana yakhe yona yodwa'. UNkulunkulu mhla edala umuntu wamdala ngothando waphinde wamupha lona kanye uthando. Yingakho uma kunothando yonke into yenzeka ngempumelelo. Uthando yebo lwehlukene ngezinhla zalo ezahlukene.

Kukhona uthando lwabantu ababili, okungowesilisa nowesifazane abasuke bethandana ngenhloso yokwakha umndeni. Laba bobabili basuke behlangane kungowesilisa oweshele owesifazane. Imvamisa owesifazane usuke enganalo uthando lwalowo wesilisa yingakho kuyaye kufanele ukuthi owesilisa abekezele aqhubeke nokubeka amazwi amnandi nagqugquzela owesifazane ukuthi alubone uthando owesilisa eza nalo noma analo ngowesifazane. Uma belokhu benikezana isikhathi, bebonana yize besashelana lokho kwenza owesifazane agcine esenalo uthando lowesilisa. Naye owesilisa ugcina esenothando oluningi ngendlela eyisimanga ngenxa yokuthi usebekezele isikhathi eside. Uma engenalo ubonakala ngakho ukwehluleka ukubekezela, bese naye owesifazane ebona ukuthi kusho ukuthi ubefuna ukudlala ngaye noma ubedlula nje.

Uthando lowesilisa nowesifazane ave luyisibusiso. Lolu thando luvela kuMdali uqobo, aluveli ezinkanukweni zomuntu. Uma kuyizinkanuko, kusheshe kuphele kuhle kwamazolo ebona ilanga. Uthando lweqiniso lwabonakaliswa ngenkathi uMdali ekhipha ubambo ku-Adamu, wathi uma evuka u-Adamu uMdali wabe esembuza ukuthi ngubani lona oseduze kwakho na? U-Adamu waphendula wathi lona lithambo lamathambo ami. Yinyama yenyama yami. Lokhu kwamthokozisa uJehova, wabe esebabusisa wathi zalanani nande emhlabeni. Nempela bazalwa abantu banda kuze kube yinamuhla. Yingakho nanamuhla uthando lwangempela lubonakala ngokuthi owesilisa athathe owesifazane amenze umkakhe. Ngokwenza lokho, kusuke kubonisa uthando oluvela kuMdali njengesibusiso sababili. Uma sebevumelene ngokwakha umuzi bobabili, kuyaye bese kudingeka umfundisi ozobahlanganisa. Ukuhlanganiswa umfundisi kuluphawu lokumema uMdali ukuba azobahlanganisa aphinde ababusise babe nyamanye, mzimba munye, babe ndawonye baze behlukaniswe lithuna.

Lukhona futhi nolunye uthando, okuwuthando lobungani. Lolu thando lusho ukuzwana nje, nokuphilisana njengezihlobo. Uma abantu bengabangani basuke bekhathalelana, bebonisana, bakhana, bexwayisana, befundisana, benza izinto ndawonye, beduduzana, bencokolisana ngaso sonke isikhathi. Into esuke ibahlanganisile yilo belu uthando. Laba bantu angeke uthole behlebana ngoba bayahloniphana futhi bayezwana. Akukho ukuklolodelana lapha ngoba bobabili banezinhloso ezifanayo ngomunye nomunye. Akekho ofuna ukubona omunye ehluleka empilweni. Uma omunye ekhala, omunye uyamduduza bese emsiza ngezisombululo ezifanele. Lolu thando luyafana nalolu oluchazwe ngenhla, umehluko ukuthi lolu olungenhla olwabantu abafuna ukwakha umuzi bazale izingane kanti lolu olwabantu abaphilisana ngobungani ngenhloso yokuchitha isizungu kanye nokuxhasana empilweni.

Lukhona futhi nolunye uthando, okuwuthando lobuhlobo. Lapha sikhuluma ngabantu abahlobene, abagazi linye abathandanayo. Lapha kusuke kungabantu abazalwa ndawonye, emndenini owodwa abasuke bethandana engekho ofisela omunye okubi. Lolu thando lujulile ngoba lufaka igazi phakathi. Laba bantu bathanda nje yingenxa yokuzwana kwegazi phakathi kwabo, abazenzeli futhi abazenzisi. Yingakho phela esintwini sakithi kungavunyelwa ukuthi kuthandane abantu abayizihlobo ngenhloso yokwakha umuzi bazale izingane ngoba kunenkolelo yokuthi bangahle bazale izidalwa. Ukuthandana kwabo ngalolo hlobo kuthathwa njengechilo nomkhuba ekhaya. Kepha omunye angabuza ukuthi kungani kungagqugquzelwa ukuthandana kwezihlobo ngoba lokho kungenza uthando luqine kungabi lula ukwehlukana kwabantu njengoba kwenzeka njengamanje emphakathini. Kepha ngenxa yokuhlonipha amasiko, akekho ongakuvumela lokhu.

Uthando luyisibusiso kanti futhi luyinselelo. Uma abantu bethandana lokho akusho ukuthi yonke into izohamba kahle. Zikhona izinkinga ezibakhona kepha okubalulekile ukuthi laba abathandanayo basebenzisana kanjani ukuze balungise izinkinga. Akufuneki ukukhombana nokusolana uma sekuvela izinkinga kepha kumele kubanjiswane kuqhanyukwe nesixazululo esifanele. Akusizi ukukhombana ngoba lokho akuyisusi inkinga kunalokho iyabhebhetheka kuhle kwamalangabi egqagqamuka.

Izulu

Izulu liyana, liyaduma, liwisa izimbuzi, lishaye isangquma kube mnyama bhuqe ezweni. Liphazime, lishaye izinhlansi kuhle komlilo wezinkuni zehlanze. Ugogo uhlezi endlini yakwagogo nabazukulu bakhe. Linele lingahloma nje, abize abazukulu babuye ekhaya ngokushesha. Angachithi sikhathi bese eshunqisa impepho, akhanyise ikhandlela eliphuzi. Ikhandlela lezulu. Kuthi kusenjalo, anikeze abazukulu umsuzwane ukuba bahlikihle ngawo izandla bahogele bese bebhixa izinyawo ngoshibhoshi. Ngaso leso sikhathi, kukhishwe abafana bantshingwe maqondana nomnyango wendlu abahleli kuyo. Konke lokhu kwenziwa ngenhloso yokuvimba izulu ukuba lingangeni ekhaya.

Izulu lidumela phezulu likwethuse uyeke konke okwenzayo. Liduma kubaleke yonke into engaphandle iyocasha. Izimbuzi zibaleka zingatholakali kanti sezicashe ehlanzeni ngaphansi kwamadwala. Ziyofunwa zingatholakali ngoba zibaleke zaya le kude. Izinkomo zona zithithibala kuhle komthakathi ebanjwe umathithibala emzini womnumzane engasakwazi ukubaleka aze aselwe kuwo lowo muzi abanjwe abulawe. Nazo izinkomo, izulu lizibhaxabula zifele khona lapho ngenxa yokungakwazi ukubaleka nokucasha. Ziyaqhubeka zidle kanti izulu alikufuni lokho, linesikhwele lifuna ukuhlonishwa.

Abafana abadlala ibhola enkundleni yabo nabo bathi uma bebona izulu lihloma, bavele babone abafike ngayo ngenxa yokuthi bahlonipha izulu. Phela uma bengaqhubeka badlale ibhola izulu liduma, bangabe besusa uchuku. Izulu alizwani nokushisa, akumele ujuluke noma ushise ekubeni izulu nalo liwumlilo liyashisa. Okwesibili ukuthi izulu liyayithanda indawo eyinkundla evulekile, ngakho-ke uma lithi lidlalela kuyo bese kanti nawe ulapho, lizokubhanqa nendawo bese likushisa ushe ube mnyama bhuqe kuhle komuntu ushiswe ugesi. Emuva kwalokho akekho oyokwazi ukukuhlonza ukuthi ungubani.

Izulu likhaya lethu sonke lapho siyophumula khona. UJesu wasipha leso sethembiso wathi ikhaya likaYise linezindlu eziningi. Nathi ngelinye ilanga siyoya ekhaya, sihlangane sibe umndeni owodwa sicule amaculo amnandi siduduzane lapho kungasekho oyobe ezwa ubuhlungu. Sonke siyobe sijabule ngoba siyobe sesiwushiyile lo mhlaba owentula Ubuntu nozwelo kithi. Siyohlala ekhaya lesethembiso kanye nezingelosi kube mnandi kube njeyaya. Izulu likhaya lethu laphakade, akekho oyosivimba ukuba singene ezulwini. Ezulwini akungenwa ngamali. Ayikho ibhondi ekhokhwayo zinyanga zonke. Laphayana kuhlalwa mahhala hha. Akukhishwa ngisho isenti leli elimdaka.

Abafana

Abafana bayisibusiso ekhaya. Uma ubaba ezele izingane zabafana uyaye azizwe eyindoda ebusisekile. Lokhu kwenziwa ukuthi usuke enethemba lokuthi uma efa abafana bakhe bayosala bevusa umuzi wakhe. Isibongo siyanda uma kuzelwe abafana noma ingane yomfana. Uma ubaba efuyile, akenqeni ukuthi alobolele umfana wakhe ngoba usuke ejabule ebona ukuthi umuzi uyavuka. Ubaba uyakwencamela ukukhipha izimfihlo zasekhaya noma emndenini azitshele umfana wakhe osekhulile noma ambonayo ukuthi unobudoda, uthole ukuthi akaze amtshele unina womfana lezo zimfihlo. Naye umama wekhaya uma engasekho ubaba wekhaya, umthola ehlonipha ingane yakhe yomfana sengathi uhlonipha umyeni wakhe ngoba usuke emthatha njengomuntu oyinhloko nomele ikhaya.

Awukho umsebenzi ongako owenziwa abafana ekhaya. Into abayaziyo nje, ukuqonywa, ukweshela, ukushaya umthetho, ukudlala ibhola, ukuhlala nabanye abafana kuxoxwe ngezinto ezingathi shu. Uke uthole ukuthi bamile bayisixongololo uze wethembe ukuthi bayelulekana kanti phinde, bazixoxela ngamantombazane. Uma kuke kwaqhamuka intombazane ithi iyedlula isuke ivelelwe. Kuyokhulunywa ngayo iseza, kuphinde kukhulunywe ngayo ngisho isidlulile. Ayikho nento esile ekhulunywayo, omunye uthi intombi yakhe, omunye uthi wake walala nayo, omunye uthi ayiziphethe kahle, bonke laba bantu bathi bayayazi le ntombazane bebe behubhuza aluhlaza cwe.

Abafana balusizo kuphela uma kuduma izulu. Linele lingaduma nje, bese beyakhishwa abafana bantshingwe emnyango ukuze bavimbe izulu lingadlaleli ekhaya. Nempela angeke lingene izulu ekhaya uma sekukhishwe abafana. Bayalivimba impela izulu lingangeni ekhaya. Okunye ukuthi uma kunabafana ekhaya, akekho umuntu ovele achwayitheke nje azenzele. Lowo muzi uba nesithunzi uhlonipheke. Abafana phela bakhiwe ngenye indlela, umzimba wabo unamandla emvelo. Uma umfana ekushaya kuyabonakala ukuthi ukushayile, usala umabokoboko. Isibhakela lesi sikushaya sikuvithize kuphele ukuhlakanipha, uzikhohlwe ngisho negama lakho imbala.

Abakhwenyana

Naba abakhwenyana bemi esangweni bezobika ikhetho. Bathunyiwe bavela ekhaya beze emzini bazocela isihlobo esihle. Bamile esangweni bayamemeza bathi ee baba! Bathule emzini benza sengathi abezwanga lutho kanti bezwile basaqhuba wona umdlalo phela, umdlalo wokulobolisa. Abakhwenyana kusamele bamemeze impela nje ukuze kubonakale ukuthi ngempela bathunyiwe abazile ukuzodlala lapha. Ubaba wentombazane uyamamatheka, kuqhilika izihlathi yinjabulo. Nazi izimayi nazo zimile esangweni ziyadla azinake lutho.

Bakithi lihle isiko lokulobola. Kuleli siko ufunda ngemvelaphi yakho kanye nesintu sakini. Lo mdlalo wokuxoxisana ngamalobolo ave umnandi, uvula ingqondo. Empeleni umdlalo wengqondo lona. Lo mdlalo awudlalwa zintothoviyane, udlalwa amangwevu. Omakade ebona izinto zenziwa, hhayi izimfundamakhwele. Lo mdlalo udlalwa zingqwele uqobo lwazo. Abantu okuthi uma bekhuluma uzwe ulimi olunothile, olujiyile nolumtoti ngendlela ehlabahlosile. Uma ungagcwele ngolimi lokulobola, ingahamba ingane yakho bhamama ubhekile usale ubambe ongezansi.

Ngibona naba abakhwenyana bekhuleka kuleli khaya, bezisho bephinde bahashe umnumzane wekhaya abeze kulo. Ngibezwa bezibiza zonke izinkomo ngemibala yazo eyahlukene. Ngibona bengeniswa ekhaya, bathi uma befika emnyango base belindiswa. Nebala bama emnyango, ubaba wekhaya esazilungiselela okomuntu obengazi ukuthi laba bantu bayeza namhlanje kanti ubazi nje kahle. Ngesikade bangeniswe, bahlale phansi bese kuyathuleka endlini kuthi cwaka. Akekho okhulumayo, akekho okhwehlelayo, bonke bagqolozelene abanye babheke phansi. Kuthi kusenjalo bese ekhuluma oyedwa walapha ekhaya athi 'ubaba akakwazi ukukhuluma'. Kuthi lapho bese ngibona liphuma iphepha elibomvu lithi qatha etafuleni. Isukume ngokushesha insizwa yakhona isiyolanda isicephu okuzobekwa kuso le mali. Baqale manje baqaqeke amazinyo bakhulume. Bathi incane le mali, liphume futhi iphepha elibomvu. Awu! Zivele ziqhilike izihlathi kumnumzane wekhaya. Emuva kwalokhu bese bebuza ukuthi beze ngani lapha ekhaya. Bathi abakhwenyana usho entshweni thina sithunyiwe lapha ekhaya. Indodana yethu ibone imbali yabe isisithuma ukuba sizoyicela singaveli sizenzele nje. Baqale manje bazibuzise laba balapha ekhaya. Niyamazi lo muntu enize ngaye? Ningamkhomba uma singamlanda? Bavumele phezulu abakhwenyana bathi 'yebo'. Nebala zilandwe izintombi bese beyikhomba abeze ngayo emuva kwalokho bese ziqhubeka izingxoxo.

Abakhwenyana bangena endlini belandelana ungathi bayabizana. Uma sebefikile, indlu iphenduka isiphithiphithi wena owabona esaseHilbrow kwandongaziyaduma. Indlu ivele ibe bomvu tebhu. Ngalelo langa akulalwa endlini abakhwenyana sebenza abadume ngazo. Uthi usabambe isithongwana sakho esimnandi, uzwe kuthi nsi. Uthi uyahlikihla kuthule isikhashana kuphinde kusuke lokho. Ngalelo langa akekho olalayo. Izimpahla ozigqokile zisuke zigcwele abakhwenyana yonke indawo. Laba bakhwenyana bayinqaba ngoba kabamenywa, bayazifikela qathatha ekhaya. Into ebalethayo yinyama nje kuphela. Uma kuhlatshiwe ekhaya, wase ubeka inyama phansi endlini, usuke usubamemile kanjalo. Bangena belandelana, bahambe phezu kwayo inyama, maqede baye ebantwini abasendlini babalume. Phela inyama kayilali yodwa ekhaya, kumele kube nabantu abayigadile. Pho-ke nabakhwenyana abazibekile phansi nabo bayayifuna.

Abakhwenyana abantu abahloniphayo abathi uma befike emzini bazithobe, bamukele lokhu abakunikezwayo. Laba bayinqaba ngoba behlukile, bazenzela okwabo nje okubheke eceleni. Laba abakhwenyana abanganambeko nhlobo. Uma bengena emzini bona abakhuleki, bayangena nje baqonde endlini abayithandayo bafike baziphakele maqede bahlukumeze abantu basemzini. Futhi laba bakhwenyana abahambi bengayitholanga into abayifunayo. Ave bedelela ngoba abahloniphi, bashaya ngezinguzunga zamakhanda ungafunga ukuthi bazalwa umama oyedwa. Bayafana, bagqoka izimpahla ezifanayo ezinsundu futhi abehlukani bahlale behamba ndawonye ngaso sonke isikhathi.

Abafundisi

Abafundisi balusizo kakhulu emphakathini wakithi. Singeke sakhuluma ngabafundisi mbumbulu laba asebethe chithi saka kuleli lengabadi. Esikhathini samanje sibhekene nengwadla emasontweni, bonke abantu sebebona ukuba ngabafundisi kuyisisombululo sabo sokuphuma ebuphofini. Umuntu uma ehlezi kwakhe noma kubo, ecabanga eqhatha usizi, ikati lilele eziko, usevele abone ukuba ngumfundisi kuyisisombululo. Amasonto asephenduke amabhizinisi. Umnikelo ufuneka ngenkani ungafunga ukuthi insindiso iyathengwa kanti itholakala bhamama. UMdali wezulu nomhlaba utholakala mahhala, akafuni ngisho indibilishi, ufuna umuntu uqobo lwakhe, kepha oklebe baphumile bagcwala izwe lonke lakithi ngenhloso yokuwakla abantu bakithi abaxakwe zinkinga zabo.

Kusukela kwamadala eJuteni, abafundisi babevele bekhona futhi bewenza umsebenza wabo ngaphandle kwenkokhelo. Into ababeyigijimisa phambili ukuthi isidalwa sikaNkulunkulu sithola usizo. Ngisho nabathandazi imbala ubungeke ubezwe befuna inkece kepha ububezwa befuna amanzi, amakhandlela kanye nenkanyiso engakalelwe. Umuntu wayekhipha inkanyiso esuka enhliziyweni, imvamisa kwakuba yimali eyisiliva njengeshumi, upondo njll. Izinkinga zabantu zazixazululwa nomuntu naye agculiseke ngenxa yenhliziyo emhlophe yalowo obemsiza. Yingakho noMvelinqangi ebesondela kubathandazi kanye nabafundisi ngenxa yokwethembeka kwabo. Umuntu wayethi engena nje emzini womthandazi, ebe esetsheliwe umthandazi ukuthi kunomuntu ozayo kanye nenkinga eza nayo. Lokhu kwakwenza umuntu abe nethemba lokuthi uhambo lwakhe lumhlophe futhi nosizo uzoluthola.

Yahamba iminyaka, zaguquka izinto. Omunye angazibuza ukuthi kuguquke umhlaba noma thina bantu basemhlabeni? Iqiniso ukuthi umhlaba uwumhlaba ngabantu abaphila kuwo. Angeke kube umhlaba abantu kanye nokudaliweyo kungekho. Empeleni umhlaba umuntu. Umuntu nguye oyisidalwa esidalelwe ukubusa phezu komhlaba. Ngalokho-ke, umhlaba kuyizintaba, imifula, ulwandle, utshani, izihlahla kanye nemvelo yonke angeke kube umhlaba ophelele umuntu engekho. Abantu baphiwe amandla okulawula kanye nokubusa emhlabeni, ngakho-ke yibo abantu abaguqukayo kusikompilo lwabo bese bekhetha indlela entsha yokuphila.

Indlela yokukholwa abantu basukile kuyo base bekhetha indlela yabo evuna bona. Sekulula nje ukuthi umuntu abe umfundisi ngenxa yokuthi azisekho izinselelo ababhekana nazo kulolu hambo lobufundisi. Phela ukuba umfundisi akuyona into umuntu azikhethela yona kepha lubizo. Kusukela ingane isakhula ekhaya, kuyaye kube nezimpawu ezibonakalayo enganeni ezikhombisa ukuthi izoba umfundisi ngelinye ilanga. Kulesi sikhathi sanamuhla sekugcwele abafundisi bamanga, abagijimisa udumo kanye nemali. Bafuna ukwesatshwa, baphinde bafune ukondliwa. Bafuna izimoto zikanokusho, izimpahla zikanokusho kanye nemizi kanokusho. Abantu nabo yibo abadlala indima ekutheni laba bafundisi mbumbulu bande ngalolu hlobo. Phela abantu yibo abagcwala emasontweni alaba bafundisi, banikele ngezimali zabo zokugcina.

Ubufundisi buqala bunezimpawu emntwini kusukela esakhula, bese uma seziqinisekile naye umnikazi esezamukele bese eyahamba eyoqeqeshwa ukuze ezothola ulwazi olunzulu ukuze ezosebenza ngendlela efanele. Ngisho nasezikoleni, abafundisi baba ngabafundisi ngenxa yobizo kanye noqeqesho. Uma eseqeqeshiwe ube eseqashwa eyofundisa into ayaziyo nesezingeni elicokeme. Izingane zesikole nazo zithola ulwazi olusezingeni, ziphumelele ngamalengiso ezifundweni zazo. Abafundisi bahamba baye emaNyuvesi beyofunda iminyaka emine bese beyabuya bezofundisa ezikoleni. Abafundisi abaqeqeshiwe bavamise ukukhiqiza abafundi abasezingeni ngokolwazi nangemiphumela emihle. Into eyaye ihluphe esikhathini esiningi ukuqashwa kwabafundisi abangayanga emaNyuvesi noma emaKolishi. Kubalulekile ukuthi abafundisi baqeqeshwe ukuze bezokwenza umsebenzi wokufundisa ngendlela efanele. Uma umfundisi engaqeqeshiwe, akafundisi kepha ufunza izingane bangaziqeqeshi ngoba nabo basuke beshoda ngolwazi.

Ngisho nabafundisi basemasontweni nabo bayadinga ukuqeqeshwa ukuze bezoshumayela okuyikho hhayi le nsambatheka eyenzakala njengamanje emasontweni esiwakhele. Kunjena nje emasontweni yingoba abafundisi abagcotshwa ngokobizo kepha sebegcobana bodwa nangokwazana. Into egijinyiswayo udumo namandla okuphatha abantu. Le nto yiyo ebulala ivangeli likaJehova ngoba uqeqesho nobizo alusalandelwa. Imfundo nayo ilimala ngakho belu ukushaywa indiva kobizo noqeqesho olufanele ukuze izingane zizofundiswa ngendlela esezingeni eliphezulu.

Isiko nosiko

Kuleli likaMthaniya siphila ngobuntu, ukubambisana kanye nenhlonipho. Amasiko ayindlela yokuphila kwaZulu. Akekho umuntu ophilayo ongenawo amasiko awagcinayo. Amasiko sonke sikhule evele ekhona futhi ehlonishwa egcinwa. Umbuzo-ngqangi lapha uthi: yini isiko? Yini umehluko phakathi kwesiko kanye nosiko?

Isiko singathi yindlela yokuphila emphakathini. Isiko yinto eyenziwa abantu ngokuhlanganyela emphakathini abaphila kuwo. Isiko akusiyo into ephoqwayo kepha yinto eyenziwa ngokuhlanganyela futhi ngokuthanda. Isibonelo, kwenye indawo kuyaye kuthi uma kukhona oshonile emzini othile, bese abantu bendawo beyahamba beyokhala noma beyoduduza labo abashonelwe. Lesi senzo senziwa kule ndawo ngoba abantu bakule ndawo yinto abayenzayo futhi yindlela abaphilisana ngayo. Okubalulekile lapha ukuthi umuntu ongahlali kule ndawo angafika axakeke uma ebona le ndlela yokuphila. Angabuza imibuzo eminingi ngoba efuna ukucaciseleka.

Akhona amasiko esizwe kanye namasiko omphakathi ohlala endaweni eyodwa. Uma sikhuluma ngamasiko esizwe sikhuluma ngendlela isizwe esithile esiphila ngayo. Lapha singabala ukuhlatshelwa kwamadlozi, ukulobola, ukushadisa njll. Ake sibheke nje kwaZulu ukuthi yimaphi amasiko esizwe akhona. KwaZulu kunesiko lokulobola, isiko lokushadisa, isiko lokuhlabela amadlozi, kanye nesiko lokukhehla intombazane uma izogana. Uma kulisiko lomndeni, kusho ukuthi yindlela isizwe esithile esihlonzwa ngayo. Isibonelo, uma umuntu engumZulu, lokhu kusho ukuthi kunezimpawu ezibonisayo ukuthi ngempela ungumZulu. Ngokwejwayelekile kuyaye kuthi uma intombazane izokwenda bese ikhehlwa.

Yebo amasiko akhona futhi ayahlonishwa kwaZulu kepha masikuveze ukuthi kukhona nemikhuba esivamile ukufakwa ngaphansi kwamasiko. Kunomehluko phela phakathi kwesiko nomkhuba. Isiko yinto eyenziwa yisizwe ngokubambisana kanye nangokuthanda kepha umkhuba yinto esuke yenziwa ezinye izizwe bese isizwe esithile siyithatha siyifake ngaphansi kwamasiko aso. Ake sithathe nawu umkhuba osuwandile kwaZulu, umkhuba wokuzila. Ukuzilela umuntu oshonile ngesidwedwe akukaze kube lisiko lethu kwaZulu kepha umkhuba owathathwa kwabamhlophe. Abamhlophe uma beshonelwe bavatha izembatho ezimnyama, nakhona bazembatha izinsukwana ngenkathi besakhala noma besaduduzwa. Kepha uma sekwenziwa kwaZulu sekuyinzilo egqokwa iminyaka. Uthola umama wekhaya uma eshonelwe yindoda yakhe esembatha izingubo ezimnyama noma eziluhlaza iminyaka emithathu yonke ngaphambi kokuba akhunyulwe ngenkomo. Kanjalo nabazilile ekhaya, ubathola begqoka iziqhano izinyanga ezithathu kuya kweziyisithupha. Into ebonisa ukuthi lona umkhuba ukuthi into ebeyenziwa abanikazi bayo izinsukwana thina sesigqoka inzilo iminyaka nezinyanga.

Omunye umkhuba yilona wokulobola. Isiko lokulobola seliphenduke indlela yokuzenzela imali. Abantu sebefuna ukuqeda indlala emizini yabo besebenzisa ukulobola. Ngokwesiko lokulobola, intombazane kwaZulu ibizelwa izinkomo eziyi-11, kwenziwe izibizo, inqibamasondo kanye nomkhehlo bese kwenziwa udwendwe. Uma kwenziwa izibizo, bekuyaye kubizwe ibhodwe lesiZulu, ijazi likababa, isambulela, izimbuzi ezine zikababa uma esaphila bese kuba yisigqoko sikababa wekhaya. Kuyadabukisa namhlanje ukubona abantu benza imikhuba sebedlala ngomkhwenyana bembiza izimpahla zabo zasendlini abehlulekayo bona ukuzithengela ngokwabo. Uzwe umuntu elikhipha ngembaba ukuthi ingane yakhe wayifundisa, wayondla, bese uxakeka ukuthi kanti ekabani ingane, kwakumele yondliwe ngubani ngaphandle komzali wayo?

Usiko lona singaluchaza njengesiko elenziwa abantu abathile bomuzi noma besibongo esithile. Imvamisa kweminye imizi bayaye bathi uma bezele ingane encane uzwe sebethi bayenzela imbeleko. Imbeleko ayilona isiko kepha ilusiko ngoba akusiyo into yesizwe kepha yinto yesibongo esithile noma abantu abathile. Kweminye imizi noma izibongo ezithile, uye ubone benza okuthile uma bethole ingane encane. Isibonelo, kwaZuma bavame ukuzisika ebusweni. KwaNgubane bavame ukusika umunwe owodwa enganeni isencane. Konke lokhu basuke bekwenza ngaphansi kosiko lwabo hhayi isiko. Abanye bayaye bafake isiphandla, ingane bayihlabele bayibike esibongweni sabo. Lokhu akulona isiko kepha usiko olusuke lwenzelwa ingane.

Ubudoda

Ubudoda abuyi ngobulili. Abazi isiZulu bayazi ukuthi ubudoda abukhulelwa. Basuke bekusho lokhu ngoba bayazi ukuthi ukuba yindoda akuyi ngaminyaka kepha ubudoda yizenzo zobuqotho. Umuntu akadingi ukuthi aze abe mdala ngokweminyaka ukuze abe qotho kepha kuya ngokuthi uphekwe kuliphi ibhodwe. Ibhodwe elipheka umuntu yiyo impilo. Impilo libhodwe elipheka umuntu abe umuntu oqotho. Lokhu sikubona ngendlela asuke ephila ngayo nangendlela enza ngayo izinto.

Esikhathini esiningi abantu bayaye bathi ubudoda busebantwini besilisa kanti lutho, uma kukhulunywa ngobudoda kusuke kukhulunywa ngezenzo ezikhombisa ukuthi umuntu usekhulile. Uma umfana evusa umuzi wakubo uyaye abongwe anconywe kuthiwe uyindoda. Uma intombazane yenza okuhle ekhaya nayo kuyaye kuthiwe iyindoda ngoba yenze okwehlula abesilisa. Ngamanye amazwi yenze ubudoda. Ubudoda abukhulelwa ngoba izenzo zobuntu nokukhula zingenziwa nayingane encane.

Emhlabeni kukhona abantu besilisa nabesifazane kuphela. Kuyenzeka ukuthi owesifazane abe yindoda ngokwezenzo zakhe. Kuyenzeka futhi nokuthi owesilisa naye abe yindoda ngokwezenzo zakhe. Lapha sithola ukuthi igama lobudoda liyasetshenzelwa, akanikwa nje umuntu leli gama engenzanga lutho ekhombisa ubuqotho nokukhula ngokwengqondo. Imvamisa kunezenzo eziyaye zithathwe njengezenzo zobudoda kwaZulu.

Ubudoda bukabili, kukhona ubudoda obufaka owesifazane nowesilisa ndawonye ngesikhathi esisodwa. Lapha sibala ukwenza izinto ezifana nokwakha indlu ekhaya, ukondla ekhaya, ukunakekela umndeni ngezidingo zawo, ukusiza ekhaya uma kunenkinga, ukuveza amazwi obuqotho, imibono ehluzile, imfundiso eyakhayo ezinganeni, njll.

Ubudoda besibili yilobu obuqondiswe ngqo kumuntu wesilisa. Lapha uma kuthiwa kumuntu wesilisa uyindoda, kusuke kushiwo ukuthi uvusa umuzi kayise. Uma umuntu wesilisa ethatha unkosikazi eseganiwe kuthiwa useyindoda. Kuthiwa uyindoda ngoba kukhona umuntu aseyindoda kuye okungumkakhe. Kuyaye kuphoxe ukuzwa umfana omncane etshela intombi yakhe ukuthi uyindoda yena ebe engayishadile kwaleyo ntombazane. Umuntu wesilisa uyindoda kumkakhe, kanjalo nowesifazane ungumfazi wendoda, ngakho-ke akukuhle ukuzwa noma ubani ebiza unkosikazi wenye indoda ngomfazi ngoba akusuye umfazi wakhe.

Abathakathi

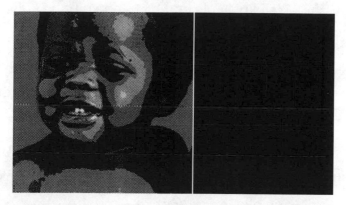

Abathakathi kule ndawo bathe chithi saka. Inhlese yobuthakathi umona. Umona uyamenza umuntu angabuthi qothu ubuthongo, ecabanga amasu okukhimbila lo muntu ammonelayo. Kuliqiniso elingephikwe ukuthi wonke umuntu olapha emhlabeni unawo umona, kepha umehluko ukuthi umona uma ufika wenza kanjani. Wonke umuntu uma ebona okuhle komunye uyamfikela umona, bese inkinga kuba ukuthi omunye umuntu uyawuvumela umona umlawule kanti omunye uyalwisana nawo abe namandla phezu kwawo. Yikho lokhu okudingekayo ukuthi umuntu angawuvumeli umona umlawule kepha kube nguye owulawulayo.

Abathakathi bona bavela kuso lesi simo lapho khona umuntu ehluleka ukulawula umona kepha umona kube yiwo omlawulayo umenzise izinto ezimbi nezesabekayo. Umthakathi yinhliziyo yomuntu engcolile egcwele ukonakala nokubulala. Umuntu onenhliziyo embi evuza igazi nguye esithi umthakathi ngoba usuke ethakatha abanye abantu ngokuthi abenzakalise ngenxa yokungabafiseli okuhle. Umuntu ongumthakathi uyinkinga ngoba emini uhleka nawo wonke umuntu, abe nomusa asize wonke umuntu kanti uthi lala lulaza ngizokwengula. Ebusuku nguye phansi phezulu ngebhayisikili lakhe lasebusuku, engena ephuma emizini yabantu efaka izikhonkwane zakhe ngenhloso yokubulala nokubhubhisa. Imiphumela yokubulala uyifuna manje hhayi kusasa, lokhu ukubona ngokungena kwakhe umthakathi ephindelela emzini womuntu ngobumnyama.

Emiphakathini yakithi abantu abafuni ukubona abanye bephumelela. Umuntu ufuna kuhlale kunguye nezingane zakhe abaphumelelayo. Uma kwenzeka izingane zakhe zingaphumeleli, uvele asole abanye ukuthi bayamloya kanti wazi ngaye ukuthi yena wenzani, nguye oloya bona.

Umuntu bafike bambuke epaquza phambi kwabo enganabani, ezenzela konke, edla emigqonyeni, entula bese kuthi uma esephumelela empilweni bese beba nomona kube sengathi wenze ngomlingo noma ngomuthi kanti phinde, lo muntu uzizamele phambi kwabo waze waphumelela. Uma kuke kwakhiwa indlu, kusagujwa isiza nje hhawu uyobona ngabo sebekhokhoba ebusuku sebezosebenza isiza leso ukuze indlu ingaqhubeki noma umakhi avele adikibale eseqalile. Umuntu wabantu useyolokhu eqasha omakhi abehlukene nje indlu ilokhu ingapheli kanti yibo kanye abathakathi. Uma beke babona imoto egcekeni sekonakele, akukhathalekile ukuthi intsha noma lisekeni. Bazongena bephindelela ebusuku beyihwaya ubusuku bonke. Isibindi sabathakathi siyesabeka. Wake wambona umuntu ongena emzini womuntu kukhanya phandle? Angene ebhushazela unkosikazi womnumzane, engagqoke lutho emzimbeni ezoganga nje. Impela umona usuka esweni, uye enhliziyweni. Kwakunhliziyoni lena enomona kangaka? Umuntu ashiye umuzi wakhe ebusuku ngoba ehlose ukuyothakatha ingane yomuntu ebe azi kahle ukuthi izinsuku zingomathanda ukwenzelwa lapha emhlabeni. Impilo iyajulukelwa, akekho ophumelela kalula.

Abathakathi bayinkinga ezweni. Ngisho nosana luyaba nabathakathi. Ubone ingane encane isiyamilisa njalo, sekunabathakathi emlonyeni. Uthi uyayibamba kanti ayifuni bese ikuluma ngabo abathakathi bayo. Ikulume isuke nenyama, usale utshiyoza okwengane encane ngenxa yokunsonsotha kwesilonda sabathakathi. Iminwe yakho ifane nesaha sengathi ulunywe ligundwane. Ingane yakhona iluma ihhabhula sengathi umuntu omdala, iyahhevuza nje. Idla ukudla okudliwa abantu abadala ibe incane ngoba idla ngabathakathi. Laba bathakathi bayayona ingane ibe yimbi igcwale izisini ngoba bayaziphumela. Uma bemila, ingane ikhala ingadli ngisho nokudla ngenxa yokuthi isuke iqhumisa imilisa. Laba bathakathi uma bemila enganeni kukhandeka ngisho nezixheke imbala, omunye umthakathi phezu komunye ingane ivele iphenduke izimu.

Mhla bephuma laba bathakathi abakhishwa muntu kepha bayaziphumela. Ithi ingaluma nje ingane, baxege baphume. Ithi iyaxubha ingane, baphume basale emanzini okuxubha. Ukuphuma kwabathakathi kusho ukulungiseka kwamazinyo enganeni. Phela sekuzomila amazinyo angempela hhayi abathakathi. Abathakathi kusuke kungakabi amazinyo ayo ingane kepha isuke isaqhumisa imilisa, okuyinto ekhombisa impilo kanye nokukhula.

Printed in the United States
By Bookmasters